AF371057

L'HOMME ANTÉDILUVIEN

PAR

M. FAREZ, ingénieur civil.

Extrait des Memoires de la Société d'Agriculture, Sciences
et Arts de Douai, tome X', 2' série.

L'HOMME ANTÉDILUVIEN

RAPPORT

Par M. FAREZ, Ingénieur civil.

Lu en Séance générale de la Société, le 13 août 1869.

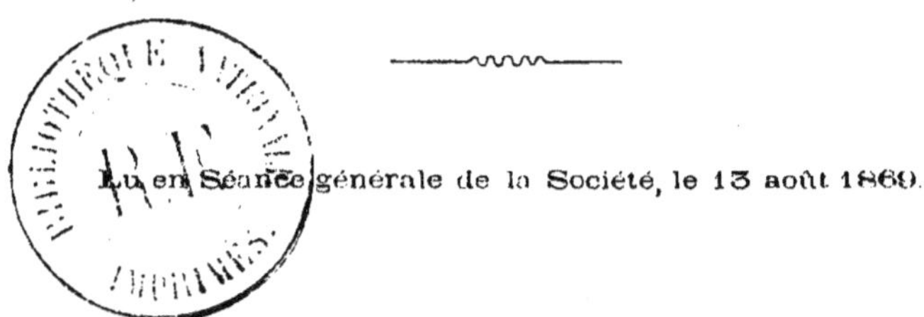

DOUAI

LUCIEN CRÉPIN, EDITEUR

Imprimeur des Sociétés scientifiques et littéraires de Douai

23, RUE DE LA MADELEINE, 23

1871

L'HOMME ANTÉDILUVIEN

RAPPORT

Fait par M. FAREZ, ingénieur civil.

———⟶✦⟵———

Ce n'est pas, Messieurs, la partie la moins intéressante de l'histoire de l'homme, que celle qui s'occupe de son origine, celle que nous révèle cette science moderne qui arrache au sein de la terre les mille matériaux, éléments palpables de toutes les phases de l'existence de nos premiers ancêtres. Là nul parti pris du narrateur, la nature elle-même écrit son histoire : elle nous montre l'homme jeté sur notre globe dans une condition tellement précaire, que l'hypothèse peu flatteuse d'une origine simienne trouve sa réfutation bien moins peut-être dans les traces d'une vie à peine intelligente, que dans les caractères mêmes de la constitution physique des premières races.

C'est une heureuse inspiration, une pensée féconde, que celle qui, de nos jours, a présidé dans nos grandes expositions à la création des galeries de l'histoire du travail.

Suivre l'homme pas à pas dès ces premiers âges ; le voir créant une à une ses armes, ses abris, ses ustensiles ; les perfectionner lentement; reconnaître à la marche de son industrie, les premiers symptômes d'une intelligence qui se développe et progresse, assister tour à tour à ces essais informes de l'art du potier, à la découverte des premiers métaux, étudier ces timides ébauches de dessins, de sculptures, premiers rudiments des arts naissants, voir se révéler cet instinct de sociabilité, ce don précieux que les races primitives apportèrent dès le berceau ; suivre enfin dans un pareil livre les phases diverses que l'homme dut traverser, jusqu'à cette époque du déluge, première page de l'histoire proprement dite : n'est-ce pas, Messieurs, une étude d'un grand intérêt, qu'il est glorieux aux sciences modernes d'avoir su dévoiler à l'humanité.

M. Bourlot, professeur au lycée de Colmar, auteur de ce travail, dont votre commission des sciences exactes et naturelles me chargea de lui rendre compte ; rappelle qu'il y a à peine un demi-siècle, l'opinion seule accréditée voulait que la race humaine eût une origine relativement récente, et n'admettait pas l'existence de l'homme anté-historique.

Aujourd'hui de nombreuses découvertes, des faits irrécusables ne permettent plus le doute. Et si des contradicteurs ont lutté contre l'évidence même, si cette opinion a éprouvé tant de difficultés à se faire jour, quel fut le mobile de cette résistance ? M. Bourlot accuse le préjugé, la routine, mais il faut en convenir avec lui, le point d'appui le plus sérieux de cette opposition, émane de scrupules religieux peu raisonnés ; et chaque fois que les investigations de la science ont porté sur l'étude des phénomènes qui ont accompagné la formation des couches successives de la croute terrestre, les mêmes scrupules se sont produits : savoir si les découvertes nouvelles étaient en harmonie avec les textes des livres sacrés.

Le but du législateur inspiré n'était-il pas, comme le dit M. Bourlot, le dogme en matière religieuse ? la moralisation et le bien être du peuple pour lequel il écrivait ? Faut-il chercher dans ses écrits le dernier mot de chaque science, et croire qu'il ne laissa rien à faire aux investigations humaines ? non sans doute, et c'est le tort d'une interprétation contraire qui valut à Galilée les persécutions dont nous déplorons l'injustice.

M. Bourlot lui même qui semble vouloir nous mettre en garde contre de semblables préoccupations, ne croit pas néanmoins pouvoir se soustraire à la loi commune et descend lui aussi dans ce champ clos, il dit comment nous devons interpréter les jours de la genèse.... que ce ne sont pas des jours dans le sens que nous donnons aujourd'hui à ce mot....

Permettez-moi, Messieurs, à ce propos d'évoquer ici quelques souvenirs, qui montreront le peu de valeur de ces polémiques auxquelles il est toujours regrettable de voir la science s'associer.

Frédéric Klée qui a écrit un ouvrage entier sur le déluge pour pour prouver la concordance des écritures saintes avec les faits géologiques, dit lui aussi que les jours de la genése (quoiqu'ils eussent un soir et un matin) n'étaient pas des jours dans le sens que nous attribuons à ce mot, mais des périodes géologiques immenses, et chose remarquable, quelques pages plus loin, le même auteur craignant de voir planer le doute sur ces âges fabuleux atteints par les premiers patriarches, n'est pas plus embarrassé pour déclarer qu'aux premières époques bibliques, l'homme dut compter les années sur les phases lunaires, que de là ces premieres années durent être de un mois, puis graduellement de deux, trois et quatre mois, ce qui lui donne pour Adam l'âge raisonnable de 77 années solaires, et Mathusalem lui-même, réduit au douzième, n'est plus qu'un vieillard fort ordinaire de 80 ans.

Ce géologue anglais dont l'ouvrage si précieux a fourni tant de matériaux à ses successeurs; Buckland, si clair, si précis dans ses descriptions des debris fossiles, mais qui dut se mouvoir quant aux doctrines dans le cadre restreint d'un programme imposé; Buckland lui-même perd singulièrement de sa marche assurée lors qu'il pénètre dans ce dédale :

Il n'attribue lui, qu'au seul premier jour de la création, une durée infinie, fait des autres jours, des jours ordinaires; dit que des vapeurs plus ou moins dissipées, plus ou moins diffuses durent caractériser ces premiers jours, et leur donner ainsi un soir et un matin avant la création des astres.

Puis, cette création n'est plus pour lui, par des interprétations nouvelles, qu'une adaptation à notre globe d'un système déjà existant et qui a des périodes antérieures aura éclairé toutes ces espèces animales retrouvées à l'état fossile.

C'est qu'en effet, Messieurs, ces trilobites des terrains de transition, ces ichtyosaures du lias dont l'appareil optique de l'œil est calculé pour recevoir les impressions lumineuses comme les animaux existant aujourd'hui, ont dû recevoir la lumière dans les mêmes conditions.

L'évêque Gleig dit, lui aussi, que le texte hébreu de la Genèse indique aussi bien un arrangement nouveau d'éléments déjà existants qu'une création proprement dite; il déclare, d'ailleurs, qu'au besoin il considérerait comme non avenues toutes les découvertes nouvelles de la géologie.

Si l'on n'eût rejeté, Messieurs, comme entachée d'hérésie, l'opinion de l'existence de l'homme préadamique, la découverte de M Boucher de Perthes eût elle été la première qui eût ouvert ce vaste champ aux explorateurs? non assurément.

Que de fois d'anciens auteurs n'ont-ils pas révélé des faits analogues à celui que j'extrais d'un ouvrage de Simon Goulard, ingénieux écrivain du xvi⁰ siècle :

« L'an mil cinq cent huitante et trois, dit-il, un citoyen de la ville d'Aix en Prouvence, ayant une plantée d'oliviers à une arquebousade de la ville, print certain jour avis de faire rompre un petit roc qui estoit en cette plantée, et comme il eût fait avancer la besogne, fut trouvé au milieu du roc le corps entier d'un homme de petite stature incorporé dedans ce roc, de telle façon que la pierre du roc remplissait le vuide qui estoit d'un membre à l'autre.

« Ce qui estoit encore plus admirable, ores que les os furent fort endurcis, si est-ce qu'en les grattant avec l'ongle on les réduisait en pouldre, mais la moelle d'iceux était si dure qu'une pierre ne l'est pas davantage..... Ce squelette est resté en la puissance de M. Balthasard de Burle, habitant d'Aix et premier audiencier en la chancellerie de Provence. »

Si nous ne trouvons ici rien de ce caractère d'authenticité qui fait la valeur des découvertes, convenons pourtant que ce trait qui nous signale un homme de petite stature et des ossements délitables présente, avec les faits réels, une coïncidence qui implique au récit un certain cachet de vérité.

Au commencement du siècle dernier, Kemp trouva aux environs de Londres des dents de l'éléphant primitif en contact avec une hache en silex, travaillée de main d'homme, il conclut à leur contemporanéité, on nia l'authenticité de la découverte qui se trouve aujourd'hui confirmée d'une façon si complète.

Permettez-moi, Messieurs, de vous citer enfin quelque chose de plus concluant encore : Il y a plus de vingt années que, dans un traité de géologie adopté par le conseil roya d'instruction publique, Beudant signalait dans les terrains subappennins, les cavernes à ossements, dans lesquelles outre les débris nombreux d'animaux qui ont marqué cette époque, se trouvent aussi des ossements humains. Il est curieux de voir le soin avec lequel l'auteur s'appliquait alors à repousser l'idée de la contemporanéité de ces éléments, je cite :

« Quelques-unes de ces cavernes semblent, dit-il, avoir servi postérieurement de refuge à l'homme, dont on y trouve parfois les débris en contact, ou même mélangés.

..... Le simple contact ne conduit à aucune conséquence d'âge relatif, et quant au mélange, serait-il étonnant que quelque averse eût fait pénétrer de nouvelles eaux dans ces cavités, en eût remué le dépôt actuel confondu dans le même tas l'ancien et le moderne, et donné ainsi un faux air de contemporanéité à des êtres séparés par des milliers de siècles..... »

J'ai cité ce texte parce qu'il montre à quels frais d'imagination l'auteur dut se livrer par respect des préjugés, pour tirer des conclusions erronées, alors que l'interprétation la plus naturelle et la plus simple des faits était la seule vraie et eût ouvert vingt années plus tôt, cette mine féconde où puisent si abondamment et avec tant de bonheur les explorateurs de nos jours.

J'en reste là Messieurs, de cette longue digression dont tout le mérite était d'établir à vos yeux, combien il est facheux, dans ces études reposant entièrement sur des faits matériels de s'arrêter à des considérations d'un autre ordre. Le culte des sciences naturelles doit être avant tout celui de la vérité; si parfois on a tenté de se faire une arme de faits révélés par la géologie pour chercher à saper des croyances respectables, ne serait-il pas à déplorer que des craintes pusillanimes inspirées par ces errements arrétassent le savant au seuil des grandes découvertes, ou le fissent égarer sur le terrain brulant de la controverse religieuse.

C'est à cette conclusion qu'en arrive également M. Bourlot; il ajoute qu'aujourd'hui les géologues signalent à mesure de leurs découvertes les résultats de leurs recherches patientes, sans se préoccuper de ce que les conséquences qu'on en tire peuvent contrarier des idées dont on a pris l'habitude.

Cela dit Messieurs, j'arrive au déluge.

M. Bourlot précise d'abord ce que l'on enteud actuellement par ces mots, anté, post diluvien : Dans le langage géologique, ces désignations se rapportent non plus au déluge historique, mais à un passé qui lui est de beaucoup antérieur ; au grand cataclysme qui mit fin à la formation des terrains quaternaires, en donnant au globe son relief actuel.

Il se demande à quelle époque géologique, des faits bien établis, font remonter la date de l'apparition de l'homme? La question, dit-il, est loin d'être résolue, le berceau de l'homme dans les assises terrestres sera peut-être longtemps encore à l'état de mystère.

Je chercherai plus loin, Messieurs, par quelques nouveaux éléments intervenus depuis le jour où fut rédigé le travail objet de mon examen, à porter quelque lumière nouvelle dans la recherche des formations contemporaines de cette première apparition de l'homme.

Ecoutons d'abord M. Bourlot :

Pour les époques quaternaires plus de doute ; mais pour les formations qui ont précédé, un géologue, M. Garigou, émet l'opinion la plus avancée, qui veut que l'homme ait déjà existé lorsque se déposaient les assises moyennes des terrains tertiaires.

Un autre savant, M. Desnoyers, et avec lui M. Spring, voient l'œuvre d'un acte intelligent et raisonné dans des entailles observées sur des ossements de l'éléphant méridional, espèce qui n'a pas survécu à la crise qui a terminé la durée des formations tertiaires.

Dans la vallée de l'Arno, près d'Asti, terrain pliocène ou tertiaire supérieur, M. Desnoyers a constaté sur un fragment de crâne d'éléphant un trou triangulaire avec entailles latérales, ensemble qui paraîtrait indiquer une perforation faite par la pointe et les barbes d'une flèche en os ou en silex. Il a reconnu que les crânes des grandes espèces de cerfs paraissaient tous avoir reçu un coup violent sur le frontal à la naissance des cornes, dont les pivots portaient des entailles transversales et verticales, comme si elles eussent été faites pour détacher la peau ; enfin quelques os étaient fendus dans leur longueur, comme on l'eût fait, si l'on eût voulu en extraire la moëlle, particularité qui se remarque

dans les os trouvés qui sont apparemment des débris de
repas humains des autres âges. Puis enfin encore, dans le
pliocène on a trouvé un crâne de cerf qui avait été percé
d'un trou circulaire pendant que l'animal vivait.
Quelques-uns ont vu dans cette perforation, qui est d'ailleurs d'une netteté remarquable, le résultat d'une blessure
faite par l'homme.

C'est là qu'en était la question lorsque M. Bourlot
écrivait sa note, elle en était là encore, lorsque le 13 avril
1868, M. Milne Edwards lut à l'Académie des sciences une
note de M. Leussedat, que je résume ici : il s'agit d'une
mâchoire de rhinocéros portant des entailles profondes, qui
paraissent intentionnelles, trouvée à Billy (Allier) dans les
formations calcaires d'eau douce de la limagne.

La note présente une coupe détaillée de la formation dont
M. Lartet a lui-même déterminé la nature des différents
étages ; c'est la partie moyenne des dépôts tertiaires, terrains en place ; or, les deux fragments de la mâchoire inférieure, droite et gauche, portent l'une et l'autre des entailles profondes d'une grande netteté, au nombre de quatre
sensiblement parallèles, inclinées à 40°, larges de deux
centimètres, profondes de six millimètres , la section longi-
tudinale en est une courbe régulière ; analogues aux entailles d'une hache bien affilée, elles ont été faites sur l'os
à l'état frais.

Ce qui ajoute à l'importance de cette découverte c'est
que des entailles semblables ont été constatées par Du-
vernoy sur son *rhinocéros pleurocéros* qui vivait sur les
bords des lacs miocènes du centre de la France.

A la séance suivante de l'Académie des sciences, 20
avril 1868, M. Garigou demanda l'ouverture d'un pli ca

cheté, déposé au nom de M. Filhol fils, et au sien, du 16 mai 1864, contenant une note ayant pour titre : *Contemporanéité de l'homme et des mammifères miocènes*, dans laquelle les auteurs déclarent avoir des pièces suffisantes pour résoudre la question :

Que si la contemporanéïté de l'homme et de l'ours des cavernes est bien établie par le fait des ossements cassés, la découverte de l'homme miocène est acquise à la science.

MM. Garigou et Filhol* produisent comme preuves de nombreux ossements cassés des mammifères tertiaires : *Dicrocerus élégants* et autres, les cassures reproduisent exactement celles des époques quaternaires, tous les os à moelle sont fendus longitudinalement, les autres intacts.

Ces cassures sont bien intentionnelles. Pour vous en convaincre, en ce qui concerne l'âge quaternaire, il vous suffirait, Messieurs, de visiter notre musée, vous y verriez de nombreux et beaux spécimens d'os fendus et de scies en silex. Les fentes sont bien l'œuvre de la scie, elles sont dans un même plan longitudinal, sur les faces opposées de l'os, et suivent généralement les lignes de moindre résistance. L'ouvrier ne poussait pas son travail à bout, il terminait par une rupture, comme on finit fréquemment encore les traits de scies de nos jours.

Enfin, M. Tardy vient de trouver dans une formation miocène d'Auvergne un silex que MM. Lartet, Pruner Bey, Broca, de Mortillet, Leguay, Hamy, Roujou, etc., regardent comme évidemment taillé de main d'homme.

En présence de ces faits, n'y a-t-il pas, Messieurs, de puissantes raisons de penser, si l'on ne le regarde comme démontré, que l'homme existait à l'époque de la formation des terrains miocènes.

D'autre part son apparition peut-elle remonter de beaucoup au-delà ? Il y a peu de temps, j'allais dire peu de jours, tellement nos infatiguables géologues marchent avec ardeur dans cette voie des recherches, la période miocène paraissait être la limite extrême à laqelle il fut permis de faire remonter l'origine de notre espèce. Mais voici que des découvertes très-récentes ouvrent encore de nouveaux horisons.

L'abbé Bourgeois, professeur au collége de Pontlevoy, observateur consciencieux et éclairé, vient de découvrir à Thenay, dans des terrains que la stratigraphie et la faune indiquent comme étant de l'époque tertiaire, des outils propres à couper, à percer, à racler, à frapper ; des pierres calcinées, des traces de cendres et tous les signes enfin de l'action de l'homme; fort de ces données le savant explorateur affirme son opinion sur la réalité de l'existence de notre espèce dans les formations éocènes, thèse appuyée dans le rapport même de M. l'abbé Bourgeois de deux noms recommandables, ceux de MM. de Vibraye et de l'abbé Delaunay.

M. Roujou, auteur d'un ouvrage sur l'âge de Pierre Quaternaire, annonce lui aussi s'être engagé dans une étude qui le conduit à penser que l'homme ou un être très-voisin de lui, existait dès l'époque éocène.

Quelles conditions matérielles eussent pu, d'ailleurs, s'opposer à l'existence de l'homme à la surface du globe et particulièrement dans nos régions à cette époque géologique ?

La paléontologie nous apprend que la faune et la flore des contrées que nous habitons avaient la plus grande analogie avec celles de la partie sud du nouveau continent.

L'homme pouvait exister là où croissaient les pins, les hêtres, les peupliers qui formaient nos forêts avec les palmiers, les camphriers, les canneliers....

Aux affirmations de la géologie une autre science vient apporter aussi le tribut de ses recherches et par son contrôle donner un poids nouveau aux résultats publiés par les explorateurs : c'est la chimie, qui, grâce aux travaux récents de M. Scheurer Kestner peut prononcer aujourd'hui avec plus de certitude sur l'âge relatif des ossements.

La déperdition de la matière azotée (l'osséine) qui rend l'os plus poreux et lui donne la propriété de happer à la langue lorsqu'il appartient à des âges plus reculés ; l'existence de cette substance dans les ossements de la première période quaternaire et sa disparition dans les ossements plus anciens, étaient des faits connus depuis longtemps et établis par l'analyse chimique même, lorsque M. Scheurer Kestner fit cette intéressante découverte : que la matière azotée elle-même se scinde en deux parties caractérisées chimiquement avec une grande netteté (1) et dont l'une dérive de l'autre sous l'action du temps, en sorte que la distribution de ces deux osséines dans les ossements est un moyen presque infaillible, toutes choses égales d'ailleurs, de conclure s'ils sont ou non contemporains.

Les ossements humains d'Abbeville, ceux du Lehm d'Eiguisheim, bon nombre d'autres fragments authentiques soumis à ce critérium en ont confirmé toute la valeur.

Ce nouveau moyen de contrôle, dont l'importance s'accroit en raison de l'étendue des périodes, donne plus de

----

(1) L'osséine insoluble dans l'acide clorhydrique affaibli, l'osséine soluble dans ce réactif.

poids encore aux affirmations que nous avons énoncées, qui reportent aux assises moyennes, sinon inférieures des terrains tertiaires, le berceau de l'humanité.

Mais quel fut l'homme qui vécut alors? aurions-nous à revendiquer quelque titre de parenté avec ces races primitives? Notre fierté n'aura-t-elle pas déjà assez à souffrir, Messieurs, d'une filiation possible avec la race primordiale de la première époque quaternaire?

Un avenir prochain nous dévoilera-t-il ces mystères, nous dira-t-il comme pour les époques suivantes, ce que furent, ce que firent les habitants de la terre dans ces temps si éloignés de nous, aux trois âges des calcaires de la Beauce, des sables de l'Orléanais et des Falhuns?

Plus on recule, plus avec la rareté probable des débris et la puissance des formations, le problême devient complexe. Mais le passé répond de l'avenir, chaque jour l'industrie de l'homme attaque et perce ces couches diverses de la croûte terrestre, et tôt ou tard la lumière jaillira de l'un de ces travaux.

C'est déjà un lot assez beau que celui qui nous est échu. Car si à l'époque tertiaire la présence de l'homme ne se révèle que par des traces qui accusent le passage d'un être intelligent, si nul élément de son squelette n'est encore en notre possession, il en est tout autrement lors que nous pénétrons dans les assises des terrains quaternaires, là les faits se précisent, les matériaux abondent, en peu de temps ils s'accumulent en quantités assez considérables pour permettre de faire ce que M. Bourlot appelle :

L'Histoire de l'homme anté-historique.

Elle se subdivise naturellement en deux parties :

L'homme antédiluvien de la période quarternaire, l'homme post diluvien anté-historique qui vécut depuis le commencement de l'époque géologique actuelle, jusqu'au déluge historique.

L'époque quarternaire comprend trois périodes qui suivent les trois âges des dépots de cette époque.

La première, celle des terrains subappennins et blocs erratiques, c'est l'âge du mammouth.

La deuxième celle des dépots du lehm, c'est l'âge de l'ours des cavernes.

La troisième ou supérieure, c'est l'âge du renne.

Les âges du mammouth et de l'ours des cavernes n'offrent pas au point de vue anthropologique de différence assez marquée pour les séparer, et forment ce premier chapitre :

L'histoire de l'homme primordial :

L'homme des premiers temps quaternaires et celui qui lui a succédé, contemporains respectivement du mammouth et de l'ours des cavernes, se distinguent parfaitement du singe par beaucoup de caractères ostéologiques, cependant il faut bien l'avouer dit M. Bourlot, l'homme primordial était un être que ses instincts, ses habitudes, ses besoins, ses passions devaient rapprocher au moins autant des animaux irraisonnables que de l'homme d'aujourd'hui, cela résulte comme conséquence, de ce qu'on sait de sa conformation, de son histoire.

D'abord dans les pièces osseuses trouvées de leurs squelettes, l'anatomie comparée a pu voir que nos ancêtres étaient de petite taille.

La conformation du crâne, franchement dolichocéphale ou allongée d'avant en arrière et applatie sur les côtés ; la capacité cérébrale moyenne entre celle du Chimpanzé et celle de l'Européen actuel, le front fuyant, le prognatisme accentué, ou cette disposition de la partie inférieure qui rappelle le museau ; tous ces caractères constituent, par leur ensemble, une physionomie où l'on voit clairement que nos premiers ancêtres possédaient une intelligence à peine médiocre.

La forte proéminence des arcades sourcillières, qui leur faisait les yeux profondément enfoncés, semble accuser que vivant dans l'obscurité des cavernes naturelles, qui en effet faisaient les frais de leurs habitations, les hommes d'alors étaient constamment anxieux et aux aguets, qu'ils étaient constamment en observation, soit pour chercher à distinguer une proie, soit pour chercher à reconnaître un ennemi. La conformation du système dentaire semble dire aussi, que nos premiers ancêtres dévoraient crus leurs aliments.

Une particularité à noter c'est, ajoute M. Bourlot, que l'homme d'alors était très-friand de cervelle et de moelle, ceci est clairement indiqué par l'état des os. En effet, on trouve intacts tous les os sans moelle, tandis que tous les os longs ou à moelle présentent des cassures évidemment intentionnelles, puis tous les crânes sont fracturés et ouverts. N'est-il pas remarquable, ajoute-t-il, que ce goût si prononcé pour la cervelle et la moelle, se retrouve aujourd'hui à peu près au même degré chez les Samoiëdes et les Lapons, c'est-à-dire chez les peuples dont les types s'éloignent le moins de ceux de nos ancêtres anté-liluviens ?

Mais l'homme d'alors a-t-il été anthropophage ?

Le savant anglais, M. Owen, prétend avoir vu des traces de dents humaines sur des ossements d'enfants, M. Spring déclare avoir reconnu dans la découverte faite à Chauvaux d'un repas de ces époques des débris de squelettes humains, et même un pariétal dans lequel restait enchassée une hache en silex qui avait fracturé la tête.

Or, tous les os humains qui paraissaient être des restes de repas, appartenaient à des jeunes femmes et à des adolescents, à des enfants ; pas un ne provenait d'un individu avancé en âge. Ainsi, dit M. Spring, c'étaient de vrais cannibales et même des cannibales raffinés, qui choisissaient pour leurs affreux festins ce qu'il y avait de mieux et de plus tendre.

Permettez-moi, Messieurs, d'appeler votre attention sur ce qu'était la condition de l'homme si frêle de ces premiers âges géologiques, n'oublions pas combien étaient nombreux relativement à lui, leurs débris l'attestent, ces animaux puissants qui lui disputaient le sol ; vous savez tous ce qu'était le gigantesque mammouth, le grand ours, le tigre de cette époque, voyez dans notre musée le crâne de rhinocéros, trouvé récemment dans le percement de l'avaleresse de Dorignies, voyez-y ces pièces osseuses de l'ours des cavernes, dont viennent de s'enrichir nos collections, faites le rapprochement avec les animaux vivant de nos jours, vous reconnaîtrez que l'homme réduit aux moyens d'attaque et de défense les plus élémentaires, n'ayant d'autres refuges que ces cavernes que lui disputaient d'aussi redoutables voisins, dût souvent sentir les effets de la famine, et voir s'écouler bien des jours sans avoir pu assouvir sa faim. Est-il étonnant que dans une situation aussi précaire, il tirât parti des restes les plus infimes de ses aliments, et qu'il mit tous ses soins à extraire la moelle des os de ses rares victimes.

Et sans chercher dans ces faits un trait caractéristique

de race, ne reconnaît-on pas qu'ils ne sont que la conséquence naturelle et forcée des rudes extrémités auxquelles
l'homme d'alors dut fréquemment se trouver réduit.

Quand de nos jours nous pénétrons chez les peuplades
polynésiennes qui vivent de cette même vie primitive, et
traversent les âges de la pierre, ne retrouvons-nous pas chez
elles la pratique de ces mêmes coutumes. Des fouilles ré-
centes ont été opérées dans la caverne de Montesquieu-
Avantes par MM. Garigou, l'abbé Pouech et Regnault. Les
objets trouvés appartiennent à l'époque quaternaire, ce
sont des ossements de ruminants et des ossements humains, tous cassés exactement de la même manière, portant
chacun des traces d'un instrument contondant et des stries
fines produites par un instrument tranchant, quelques-uns
sont à moitié carbonisés.

Les ossements humains consistent en fragments de
crânes de femmes, de tibias, d'humérus et de radius...., le
canal médullaire est agrandi comme si l'on eût voulu extraire la moelle. Les ossements des ruminants sont en cela
semblables aux ossements humains.

M. Garigou déclare que cet ensemble signifie, d'après
lui, que les hommes de la caverne de Montesquieu-Avantes
s'étaient livrés à des festins de cannibales.

Dans ces derniers temps on a fait, dit-il, à l'opinion du
cannibalisme une objection qui me paraît puérile : on a
prétendu que les cassures produites sur les ossements humains étaient le résultat de l'action exercée sur ces os par
certains rongeurs. Il est incontestable qu'il y a des os fossiles entamés non seulement par la dent des rongeurs, mais
aussi par celle des carnassiers ; l'étude d'un grand nombre
de ces os, faite comparativement avec celle des os cassés de

main d'homme, lève tous les doutes possibles sur cette question.

La dent des rongeurs laisse toujours une empreinte spéciale se répétant par séries et semblable à elle-même, on ne peut la confondre à la rigueur qu'avec des stries laissées par un silex ou un instrument de métal dentelés, mais ici encore un homme exercé ne peut commettre d'erreur. Soit par la série régulière des stries, soit leur disposition uniforme, soit surtout leur longueur en rapport avec la largeur de la dent et avec l'écartement des mâchoires du rongeur.

Du reste, les ossements découverts par M. Regnault ne présentent absolument aucune strie produite par la dent des rongeurs, sur les fractures multiples qu'ils portent, bien au contraire, l'empreinte laissée par l'instrument contondant qui a produit la cassure, existe sur le bord du point cassé. En un mot, ces ossements sont exactement semblables à ceux qui ont été admis au Congrès anthropologique international de 1867, comme étant les indices incontestables du cannibalisme.

Des quantités énormes (plusieurs centaines de milliers) d'ossements cassés par la main de l'homme, retirés des kjoekenmoeddings de divers âges et ayant appartenu soit à l'homme, soit à d'autres animaux, sont, dit M. Garigou, passés dans mes mains, je puis avancer que tous sont également semblables entr'eux quant au mode de cassure, je ne crains pas d'ajouter actuellement que d'après le mode de cassure seul on peut reconnaître si un os a été cassé ou non par la main de l'homme.

En présence de spécimens aussi concluants que ceux de la grotte de Montesquieu-Avantes je ne crains pas de dire, ajoute le même savant, d'accord en cela avec Spring, Dupont, Schaffausen, Broca, Carl Wogt, Streustrup, etc..., que l'homme primitif semblable aux sauvages de notre époque a été anthropopbage.

L'homme de la première période quaternaire, ne laissa d'autres traces de son industrie que quelques armes grossières en silex, des hâches, des pointes de lances, des pointes de flèches et de javelots. Quelques marteaux-massues... tous obtenus par percussion. Pas de poteries, c'est un des caractères des stations de cette époque. Des restes de foyers indiquent que l'homme primordial connut le feu, la sépulture d'Aurignac révèle qu'il vécut en société.

A ces deux premiers âges groupés succède :

L'âge du renne.

L'immersion d'une partie des continents par l'invasion de la mer a fait disparaître l'homme ou l'a forcé à émigrer de nos régions, à déserter les terres où se trouvent les cavernes qui lui avaient servi d'habitation pendant les âges du mammouth et du grand ours, des années par milliers ont dû s'écouler, jusqu'à ce que ceux de notre espèce aient pu de nouveau fixer leurs demeures dans les grottes naturelles de notre pays. Lorsqu'ils y sont revenus ils ont encore trouvé le gigantesque mammouth, un massif et colossal rhinocéros et le grand tigre de l'âge précédent, mais le règne de ces animaux était passé, et pour eux le temps de la décadence était arrivé. Alors sévissait dans nos régions un climat extrêmement rigoureux, ce climat glacé, laponien, sous lequel seul, le renne prospère et se multiplie.

Les géologues qui attribuent les grands bouleversements terrestres à des changements d'axes du globe, placent en effet aux iles Féroë le pôle boréal de cette époque. La zone où se trouve Paris, était conséquemment vers le quinzième degré de latitude nord, c'est quant au pôle actuel, la position de la partie méridionale du Spitzberg.

Près de Stuttgard, dans des travaux faits pour transformer un ancien monastère en haut fourneau, on a creusé une tranchée d'assèchement, dont tous les caractères stratigraphiques dénotent l'âge du renne, on a reconnu que dans les quantités considérables d'ossements exhumés, ceux du renne entrent pour les 98 centièmes. Ici, la nature glaciale du climat est indiquée comme ailleurs, par les restes des espèces animales ; on y a trouvé, en effet, un glouton analogue à celui des régions boréales, des cygnes, des canards, qu'on ne chasse aujourd'hui que dans les pays septentrionaux.

Enfin, un lit de mousses particulières, conservées par l'humidité, de manière à n'avoir perdu ni le vert de leur couleur naturelle, ni même leur odeur de violettes. M. Schimper y a reconnu *l'hypnum sarmentosum*, qui ne croit qu'aux altitudes des neiges éternelles.

L'homme de ce troisième âge anté-diluvien qui était établi dans nos contrées, même méridionales, y chassant et y domestiquant le renne, n'avait pas une taille sensiblement supérieure à celle de ses ancêtres des premiers âges, c'est chez lui le type brachycéphale qui domine, c'est-à-dire la tête courte ou ronde. L'homme du renne avait, d'ailleurs, le visage large et carré. Le Prognathisme, c'est-à-dire l'inclinaison en avant des dents antérieures des deux machoires avait cessé d'être au même degré un caractère général de race. Le cerveau plus volumineux, n'était non plus ni aussi déprimé, ni aussi fuyant, et les arcades sourcillières encore assez prononcées ne faisaient pas cependant l'œil aussi enfoncé que chez les individus des races antérieures.

Au reste, l'homme de cette époque n'est pas exclusivement troglodite. On trouve de nombreuses stations à ciel ouvert, adossées aux falaises des vallées, le long des cours d'eau.

On est porté à croire, par la présence d'aiguilles en os, qu'il cousait des peaux pour ses tentes. Les armes se perfectionnent, les pointes de flèches sont longues, en os et en cornes de cerfs. L'homme n'est plus comme aux âges précédents, exclusivement chasseur ; il invente des engins de pêche, et le poisson entre avec les végétaux en partie notable dans son alimentation ; il devient cultivateur et pasteur ; avec le renne, il domestique aussi le chien.

Dès cet âge, nous voyons un commencement de commerce, les premiers échanges sont motivés par la coquetterie féminine ; ce sont des coquillages transportés loin des plages qui les produisirent, usés en disques et percés d'un trou, au centre, à usage de bracelets, de colliers ; ce sont, loin de leurs lieux de gisement des matières minérales travaillées aux mêmes destinations.

Les outils sont à des usages beaucoup plus multiples. Les poteries sont portatives, un cordon en relief sur le bord supérieur indique déjà une intention d'ornement.

On a comme spécimen de dessins de cette époque une lame d'ivoire figurant un mammouth en fuite ; deux corrections, ou en langage de dessinateurs, deux repentirs sur la ligne dorsale indiquent que l'artiste n'a pas été satisfait du premier jet. Parmi diverses sculptures, l'une qui consiste en un manche de poignard représente un renne aux jambes repliées, une autre, une tête de mammouth sculptée sur bois de renne.

Voilà succintement, Messieurs, ce que fut l'homme du

renne, ce qu'il était au jour de ce terrible cataclysme qui produisit l'immense soulèvement des Alpes, sépara la France de l'Angleterre et de l'Irlande et détermina le partage des eaux entre l'Océan et la Méditerranée.

Ce fut le dernier des grands bouleversements qu'enregistra la géologie, et celui qui donna à toutes les contrées du globe leur relief actuel, qui nous donna notre climat tempéré.

Des espaces de temps considérables durent s'écouler alors avant que l'homme reprit possession de notre sol.

L'observation des atterrissements des deltas des grands fleuves, les soulèvements lents et réguliers de certaines côtes peuvent fixer nos idées sur l'immense étendue de ces périodes alluviales (1).

Notre Europe occidentale avait donc, depuis bien long-

(1) Dans un nouvel ouvrage plus complet, sur le même sujet, publié récemment par M. Bourlot, quelques évaluations chiffrées traduisent l'opinion des savants les plus accrédités sur l'étendue de ces périodes.

C'est en France, M. Arcelin, trouvant dans les coupes naturelles des berges de la Saône des indices de stations humaines, qui paraissent concentrées entre Macon et Tournus, généralement sur la rive droite. Le gisement romain se trouve à un mètre de profondeur, au-dessous des prairies ; puis ce sont des traces des âges plus anciens, jusqu'à celui de la pierre dont l'épaisseur atteint même trois mètres. Ainsi, depuis l'occupation Romaine, c'est-à-dire dans un intervalle de 1,500 à 1 800 ans, il se serait formé une hauteur de terrain de un mètre. Par suite, en négligeant le tassement, on arriverait à un minimum de 6 à 7,200 ans pour la période qui s'est écoulée depuis l'origine des dépôts néolithiques, et à 10,000 ou 12,000 ans pour la durée de ces formations alluviales.

Le diluvium gris d'Amiens, dans lequel ont été recueillis les silex taillées et les restes humains, est de beaucoup plus ancien que ces terrains étudiés par M. Arcelin.

En Amérique, dans la Louisiane, sous quatre couches successives de cyprès gigantesques, on a découvert un squelette humain, auquel M. Dowler attribue un ancienneté de 57,000 ans, âge supputé d'après l'accroissement annuel des troncs.

Lyell, Vivian, Fulhrott portent de 2 à 300,000 ans la durée des grandes oscillations qui ont fait émerger le Nord de l'Europe.

temps, pris les profils et le relief que nous lui connaissons lorsque l'homme y reparut.

Ici, Messieurs, j'abandonne le sujet : dans cette période post-diluvienne anté-historique, l'histoire de l'homme prend des proportions qui comporteraient un tout autre cadre.

L'homme va traverser l'âge de la pierre polie, où, comme dans l'époque quaternaire, il ne connaîtra pas de métal. Il emploiera encore la pierre pour s'en fabriquer des outils, des ustensiles ou des armes, seulement il travaillera ses instruments avec beaucoup plus de soins et même il les polira par le frottement.

Il atteindra l'âge du bronze, d'un bronze particulier qui a été substitué à la pierre, le plus souvent avec bonheur, parce qu'il se prête mieux aux fantaisies artistiques.

Et enfin, il arrivera à l'âge du fer qui s'est continué par celui auquel nous appartenons, par l'âge historique proprement dit, auquel se rattache cet événement du déluge de Noë, de Deucalyon et Pyrrha dont la trace se retrouve dans l'histoire de presque toutes les nations.

Et maintenant Messieurs, si nous jetons un regard en arrière.

Nous voyons dans l'accumulation si rapide de tant de matériaux précieux, combien est vivace de nos jours l'impulsion que donne à la science un but déterminé à poursuivre.

Combien sont riches les sources naturelles d'où jaillisent à chaque pas ces découvertes, ces faits nouveaux qui relient entr'elles les diverses parties de l'histoire de ce passé lointain.

Les restes indestructibles de tous ces êtres organisés, affirmant leur existence dans les milieux mêmes ou ils vécnrent forment cette immense galerie des débris passé, ces annales muettes qui seront une majestueuse introduction à l'histoire de tous les peuples.

Et le premier enseignement qu'en recueilleront nos générations, sera de constater avec confiance que chaque étape de l'humanité y est marquée d'un progrés nouveau, qu'à chaque perfectionnement morphologique de l'être humain correspond un pas de plus dans la civilisation ; que le commerce, l'industrie, les arts naissant et se développpant révèlent par leur histoire même, cette marche incessante et progressive de l'intelligence humaine.

Un dernier mot, Messieurs, et je termine. J'ai bien plutôt cotoyé, qu'analysé le travail de M. Bourlot, aussi est-ce un devoir pour moi de vous dire ici, que ce travail est un exposé succinct et clair de l'état de la question au jour où il fut écrit, qu'il porte le cachet d'un amour scrupuleux du vrai ; et décèle chez son auteur cette méthode logique et sérieuse que donne la pratique des sciences exactes.